Agenda de las HADAS 2026

Nombre .. ..
Dirección .. ..
Teléfono .. ..
Móvil .. ..
E-mail .. ..
y .. ..

Calendario 2026

Enero

Lu	Ma	Mi	Ju	Vi	Sa	Do
			1	2	3	4
5	6	7	8	9	10	11
12	13	14	15	16	17	18
19	20	21	22	23	24	25
26	27	28	29	30	31	

Febrero

Lu	Ma	Mi	Ju	Vi	Sa	Do
						1
2	3	4	5	6	7	8
9	10	11	12	13	14	15
16	17	18	19	20	21	22
23	24	25	26	27	28	

Marzo

Lu	Ma	Mi	Ju	Vi	Sa	Do
						1
2	3	4	5	6	7	8
9	10	11	12	13	14	15
16	17	18	19	20	21	22
23	24	25	26	27	28	29
30	31					

Abril

Lu	Ma	Mi	Ju	Vi	Sa	Do
		1	2	3	4	5
6	7	8	9	10	11	12
13	14	15	16	17	18	19
20	21	22	23	24	25	26
27	28	29	30			

Mayo

Lu	Ma	Mi	Ju	Vi	Sa	Do
				1	2	3
4	5	6	7	8	9	10
11	12	13	14	15	16	17
18	19	20	21	22	23	24
25	26	27	28	29	30	31

Junio

Lu	Ma	Mi	Ju	Vi	Sa	Do
1	2	3	4	5	6	7
8	9	10	11	12	13	14
15	16	17	18	19	20	21
22	23	24	25	26	27	28
29	30					

Calendario 2026

Julio

Lu	Ma	Mi	Ju	Vi	Sa	Do
		1	2	3	4	5
6	7	8	9	10	11	12
13	14	15	16	17	18	19
20	21	22	23	24	25	26
27	28	29	30	31		

Agosto

Lu	Ma	Mi	Ju	Vi	Sa	Do
					1	2
3	4	5	6	7	8	9
10	11	12	13	14	15	16
17	18	19	20	21	22	23
24	25	26	27	28	29	30
31						

Septiembre

Lu	Ma	Mi	Ju	Vi	Sa	Do
	1	2	3	4	5	6
7	8	9	10	11	12	13
14	15	16	17	18	19	20
21	22	23	24	25	26	27
28	29	30				

Octubre

Lu	Ma	Mi	Ju	Vi	Sa	Do
			1	2	3	4
5	6	7	8	9	10	11
12	13	14	15	16	17	18
19	20	21	22	23	24	25
26	27	28	29	30	31	

Noviembre

Lu	Ma	Mi	Ju	Vi	Sa	Do
						1
2	3	4	5	6	7	8
9	10	11	12	13	14	15
16	17	18	19	20	21	22
23	24	25	26	27	28	29
30						

Diciembre

Lu	Ma	Mi	Ju	Vi	Sa	Do
	1	2	3	4	5	6
7	8	9	10	11	12	13
14	15	16	17	18	19	20
21	22	23	24	25	26	27
28	29	30	31			

Calendario 2025

Enero
			1	2	3	4	5
6	7	8	9	10	11	12
13	14	15	16	17	18	19
20	21	22	23	24	25	26
27	28	29	30	31

Febrero
						1	2
3	4	5	6	7	8	9
10	11	12	13	14	15	16
17	18	19	20	21	22	23
24	25	26	27	28

Marzo
						1	2
3	4	5	6	7	8	9
10	11	12	13	14	15	16
17	18	19	20	21	22	23
24	25	26	27	28	29	30
31

Abril
	1	2	3	4	5	6
7	8	9	10	11	12	13
14	15	16	17	18	19	20
21	22	23	24	25	26	27
28	29	30

Mayo
			1	2	3	4
5	6	7	8	9	10	11
12	13	14	15	16	17	18
19	20	21	22	23	24	25
26	27	28	29	30	31

Junio
						1
2	3	4	5	6	7	8
9	10	11	12	13	14	15
16	17	18	19	20	21	22
23	24	25	26	27	28	29
30

Julio
	1	2	3	4	5	6
7	8	9	10	11	12	13
14	15	16	17	18	19	20
21	22	23	24	25	26	27
28	29	30	31

Agosto
				1	2	3
4	5	6	7	8	9	10
11	12	13	14	15	16	17
18	19	20	21	22	23	24
25	26	27	28	29	30	31

Septiembre
1	2	3	4	5	6	7
8	9	10	11	12	13	14
15	16	17	18	19	20	21
22	23	24	25	26	27	28
29	30

Octubre
		1	2	3	4	5
6	7	8	9	10	11	12
13	14	15	16	17	18	19
20	21	22	23	24	25	26
27	28	29	30	31

Noviembre
					1	2
3	4	5	6	7	8	9
10	11	12	13	14	15	16
17	18	19	20	21	22	23
24	25	26	27	28	29	30

Diciembre
1	2	3	4	5	6	7
8	9	10	11	12	13	14
15	16	17	18	19	20	21
22	23	24	25	26	27	28
29	30	31

Calendario 2027

Enero
				1	2	3
4	5	6	7	8	9	10
11	12	13	14	15	16	17
18	19	20	21	22	23	24
25	26	27	28	29	30	31

Febrero
1	2	3	4	5	6	7
8	9	10	11	12	13	14
15	16	17	18	19	20	21
22	23	24	25	26	27	28

Marzo
1	2	3	4	5	6	7
8	9	10	11	12	13	14
15	16	17	18	19	20	21
22	23	24	25	26	27	28
29	30	31

Abril
			1	2	3	4
5	6	7	8	9	10	11
12	13	14	15	16	17	18
19	20	21	22	23	24	25
26	27	28	29	30

Mayo
					1	2
3	4	5	6	7	8	9
10	11	12	13	14	15	16
17	18	19	20	21	22	23
24	25	26	27	28	29	30
31

Junio
	1	2	3	4	5	6
7	8	9	10	11	12	13
14	15	16	17	18	19	20
21	22	23	24	25	26	27
28	29	30

Julio
			1	2	3	4
5	6	7	8	9	10	11
12	13	14	15	16	17	18
19	20	21	22	23	24	25
26	27	28	29	30	31

Agosto
						1
2	3	4	5	6	7	8
9	10	11	12	13	14	15
16	17	18	19	20	21	22
23	24	25	26	27	28	29
30	31

Septiembre
		1	2	3	4	5
6	7	8	9	10	11	12
13	14	15	16	17	18	19
20	21	22	23	24	25	26
27	28	29	30

Octubre
				1	2	3
4	5	6	7	8	9	10
11	12	13	14	15	16	17
18	19	20	21	22	23	24
25	26	27	28	29	30	31

Noviembre
1	2	3	4	5	6	7
8	9	10	11	12	13	14
15	16	17	18	19	20	21
22	23	24	25	26	27	28
29	30

Diciembre
		1	2	3	4	5
6	7	8	9	10	11	12
13	14	15	16	17	18	19
20	21	22	23	24	25	26
27	28	29	30	31

Alicia, el Principito y yo

Tenía yo cinco años cuando un accidente de tráfico me destrozó una pierna; era sólo un trocito de carne todavía indeciso. Por suerte, fue suficientemente grave como para que perdiera el conocimiento. Me desperté vestida como un ángel, envuelta entre nubes de algodón, yesos y gasas. Todo era de un blanco níveo. Los días siguientes fueron algo más complicados. Pronto descubrí que el dolor, real o simulado, era mi mejor arma para obtener lo que quisiera. Llovían los peluches, las muñecas dormilonas, la casita de juguete, el parchís y la oca que tiro porque me toca.

Lo que de verdad cambió mi vida para siempre fue el libro *Alicia en el País de las Maravillas,* de Lewis Carrol e ilustrado por John Tenniel. Valía la pena aprender a leer y a dibujar reinas, conejos o sombrereros chiflados; a prestar atención a los animales del bosque, a las polillas o a los escarabajos. Todo adquiría importancia en esos mensajes cifrados para ayudar a cualquier niña con la piernecita mala como yo. Lo entendí enseguida; no dije nada a nadie. La gente mayor es demasiado aburrida.

Mis padres, mi hermano, mi tortuguita Kiki Pralinée y yo vivíamos en el último piso de la última casa, de la última calle. Es grande y luminoso, con terrazas para disfrutar del arcoíris o lo que el cielo ponga ese día. «No te asomes a la baranda», me decían como si fuera tonta y prefiriera mirar hacia abajo.

A la terraza grande se llega desde el salón. Mis padres la utilizaban con sus amigos. Mi dormitorio es el más pequeño, pero desde mi ventana podía acariciar el eucalipto de enfrente. No he visto nunca un árbol tan elegante y presumido como éste, que parece que va disfrazado.

Cuando mi hermano se iba al colegio, yo me quedaba en cama envuelta como una momia y soñando con Alicia en su país maravilloso. Digamos que A me llevaba de cabeza, y tan pronto la envidiaba como se me hacía insoportable su misteriosa capacidad para entrar y salir de un espejo o de un mundo de papel mucho más interesante que el mío. Yo misma prefería ser de mentira que de verdad.

Poco a poco empecé a caminar con cierta cadencia y al ritmo caribeño que me pedía el cuerpo, despreciando los puntos de apoyo. Alicia me esperaba cada noche debajo de la almohada. Era mi confidente y mi amiga. Por mi cumpleaños me regalaron *Le Petit Prince*. Es la preciosa historia de un niño príncipe muy listo que vivía en su asteroide sin que nadie le diera la lata. A este principito le gustaba dibujar, se ocupaba de las rosas y mantenía impecable su pequeño jardín. Pero a veces se escapaba para conocer otros mundos.

En algún momento fue a parar al desierto de un planeta como el suyo. Allí conoció a un hombre que andaba reparando su avioneta porque era un piloto y se conocía los cielos de memoria. «Dessine-moi un mouton», le pidió enseguida el Principito en francés. Y... así empezó esta preciosísima historia que le hubiera entusiasmado a Alicia.

Desde entonces, ellos dormían debajo de la almohada conmigo. Cada día aparecía algo nuevo en lo que yo no había reparado. ¿Con cuál de los dos me entendía mejor? Alicia puede ahogarse en un vaso de agua, pero nada feliz en el lago de lágrimas de su querido Arquímedes, experimentando un empuje hacia arriba igual al peso del fluido que desaloja, o... eso juraba ella. La «gravedad» dice que la atrae en sentido literal: le chifla caerse por el interior de un tronco. El Principito de cabellos de oro es más reflexivo: vive atento a que su pequeño cordero no se coma a su preciosa flor...

Entonces se me ocurrió una idea buenísima: invitaría a Alicia y al Pequeño Príncipe a cenar conmigo en la terraza. Cuando se conocieran, se harían primero amigos y luego novios, porque era imposible que no se enamoraran. Después se casarían y yo me ocuparía de todo. Sólo hacía falta una amiga que los quisiera tanto y los pusiera en contacto.

Me llevo muy bien con Tinker Bell, el hada amiga de Peter Pan. A ella le encargué que invitara de mi parte a mis amigos. Ella sabe cómo encontrar a todo el mundo:

Pequeño Príncipe: Asteroide B 612
Srta. Alicia. País de las Maravillas

A mis padres les pareció una idea estupenda. Mamá preparó una cena riquísima. Yo me ocupé de arreglarlo todo. Las flores eran imprescindibles para el Principito. Su queridísima rosa contaba sólo con cuatro espinas para protegerla de su mundo, pero el mío jamás atacaba a las flores, sólo a las personas, así que nada que temer.

Había que elegir una fecha. Me decidí por la luna llena de junio, después de la puesta de sol como quería Principito.

Sucedió a pedir de boca. ¡Qué felices somos todos juntos en el asteroide… al que estáis invitados! Flora, Fauna o Primavera son las hadas responsables. Ellas os conducirán hasta aquí.

¡Os esperamos!

Marta Echegaray

Enero

Lu	Ma	Mi	Ju	Vi	Sa	Do
			1	2	3	4
5	6	7	8	9	10	11
12	13	14	15	16	17	18
19	20	21	22	23	24	25
26	27	28	29	30	31	

Diciembre ❖ Enero

Lunes 29

Martes 30

Miércoles 31
Noche de fin de año gregoriano (Nochevieja)

Jueves 1
Año Nuevo

Enero

Lu	Ma	Mi	Ju	Vi	Sa	Do
			1	2	3	4
5	6	7	8	9	10	11
12	13	14	15	16	17	18
19	20	21	22	23	24	25
26	27	28	29	30	31	

Viernes 2

Sábado 3

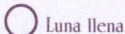 Luna llena

Domingo 4

Enero

Lunes 5

Martes 6
Epifanía. Día de los Reyes Magos

Miércoles 7

Jueves 8

Enero

Lu	Ma	Mi	Ju	Vi	Sa	Do
			1	2	3	4
5	6	7	8	9	10	11
12	13	14	15	16	17	18
19	20	21	22	23	24	25
26	27	28	29	30	31	

Viernes 9

Sábado 10

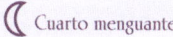 Cuarto menguante

Domingo 11

Enero

Lunes 12

Martes 13

Miércoles 14

Jueves 15

Enero

Lu	Ma	Mi	Ju	Vi	Sa	Do
			1	2	3	4
5	6	7	8	9	10	11
12	13	14	15	16	17	18
19	20	21	22	23	24	25
26	27	28	29	30	31	

Viernes 16

Sábado 17

Domingo 18

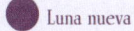 Luna nueva

Enero

Lunes 19

Martes 20

Miércoles 21

Jueves 22

Enero

Lu	Ma	Mi	Ju	Vi	Sa	Do
			1	2	3	4
5	6	7	8	9	10	11
12	13	14	15	16	17	18
19	20	21	22	23	24	25
26	27	28	29	30	31	

Viernes 23

Sábado 24

Domingo 25

Enero

Lunes 26

☽ Cuarto creciente

Martes 27

Miércoles 28

Jueves 29

Enero ❧ Febrero

Lu	Ma	Mi	Ju	Vi	Sa	Do
			1	2	3	4
5	6	7	8	9	10	11
12	13	14	15	16	17	18
19	20	21	22	23	24	25
26	27	28	29	30	31	

Viernes 30

Sábado 31

Domingo 1

 Luna llena

El extranjero

Hace un rato papá ha muerto, o quizá fue ayer, no estoy seguro. Me pregunto si alguna vez creyó de verdad en las hadas o lo que me contaba acerca de ellas era sólo para alimentar mi mente de niño.

—En el cole me han dicho que las hadas no existen –me lamentaba yo, y él se reía.

—Claro que existen; de lo contrario, ¿por qué iba yo a escribir cuentos de hadas?

—¿Alguna vez veré alguna? –le insistía, y él se volvía a reír, me alborotaba el pelo y proseguía con su perorata.

—No lo sé, las hadas aparecen cuando menos te lo esperas, siempre están pendientes de ti, aunque no lo sepas. A veces te ayudan si has hecho las cosas bien, pero te pueden castigar severamente si las haces enfadar; son resentidas, considéralas con gratitud.

—¿Y les puedes pedir un deseo?

—No hace falta, ellas son conscientes de tus deseos si son verdaderos, si los sientes en el fondo de tu corazón.

Aquellas palabras de entonces cobran relevancia ahora que acabo de llegar al hotel unas horas después de que mamá me llamara y me dijera que papá había muerto. *Ipso facto,* me he dirigido al aeropuerto, pese a que sabía que ya no podría despedirme de él. Durante el vuelo, una azafata me ha preguntado en varias ocasiones si me encontraba bien, mi cara debía de reflejar tristeza, abatimiento. La tercera vez, me ha puesto la mano en el hombro y he sentido un chispazo, como si me hubiera traspasado energía de otro mundo.

—Sí, no se preocupe, estoy bien –le he contestado con extrañeza.

He seguido concentrado en una lectura vacía, carente de comprensión, porque sólo podía pensar en papá. El taxista me ha recibido con pereza, ya no debía de contar, cerca de la medianoche, con una carrera extemporánea. Durante el trayecto, he llamado insistentemente a la residencia, pero nadie atendía el teléfono. Las luces me percutían los ojos en cada semáforo, insistentes en recordarme la constancia inalterable de la vida, empeñada siempre en no cesar, indiferente a cuanto ocurre. De la radio manaba una música caribeña, de ritmo alegre, que el hombre tarareaba y acompañaba al compás con los dedos en el volante.

He vuelto a mirar el móvil. Se ha puesto a llover con mayor intensidad cuando he bajado del taxi. Por suerte, he podido resguardarme bajo la marquesina sobre la que tamborileaban las gotas de lluvia con creciente entusiasmo. Algunos coches circulaban por la avenida como un festejo. No he conseguido orientarme hasta que he localizado el edificio, alto y de paredes blanquísimas, al fondo; mi referencia para ubicar el centro residencial en el que papá ha pasado los últimos años.

—Aquí estoy acompañado y puedo seguir con mis cosas –defendía con impostada convicción sin poder disimular un hálito de amargura cada vez que hablábamos por teléfono.

Bajo la marquesina, me faltaba valor o ímpetu para dar un paso. He vuelto a mirar la pantalla del terminal.

—Los niños ya se han dormido, han estado esperando a que los llamaras.

Ni siquiera he respondido. Una punzada interior me ha llevado a cruzar la calle y a buscar la puerta del centro residencial, detrás del edificio blanco, para llamar al timbre. La voz ronca de una mujer me ha preguntado qué quería. He pronunciado el nombre de papá y que yo era su hijo.

—Siento las horas, mi vuelo se ha retrasado.

Un silencio incierto se ha prolongado demasiado, hasta que el zumbido de la puerta me ha alertado de que debía empujarla. Ya que no podría despedirme, por lo menos quería verlo, contemplar su rostro tranquilo, sereno, o eso esperaba.

—Sígame. –La voz de la auxiliar me ha sonado seca, tajante, como su marcha militar por una visita a deshoras. Hasta que otra enfermera le ha interrumpido el paso y la ha relegado de sus funciones. Por un momento me ha parecido la misma azafata del avión. Me ha pedido que esperara fuera de la habitación unos instantes.

—Ahora le aviso.

Ha entrado en la estancia en la que supuestamente yacía el cuerpo de mi padre y ha cerrado la puerta. De pronto, una potente luz se ha filtrado por las rendijas del marco y he sentido en ese momento una fuerte presión en el pecho. Después, la luminosidad se ha diluido y la enfermera ha salido de la habitación.

—Quédese el tiempo que necesite.

Ha vuelto a ponerme la mano en el hombro, insistente.

—Si necesita algo, sólo tiene que llamarme.

Lo que ha pasado después es difícil de explicar. Al entrar a la habitación he visto a papá de pie, frente a la ventana, observando la puesta de sol. Estaba erguido, como cuando pensaba en alguna de sus historias y se perdía elucubrando personajes, tramas y diálogos. Sobre la mesita, su último libro publicado.

—Hoy no sé qué vamos a cenar —me ha dicho, como si lleváramos allí largo rato y ya languideciera una conversación insustancial.

Al volverse hacia mí, refulgía la viveza inextinguible de sus ojos verdes o pardos, según incidiera la luz. Por un momento, resultaba más joven que en nuestro último encuentro.

—¿No vas a acabarte el té? —me ha preguntado.

Nos encontrábamos en su antiguo estudio, en el que se encerraba a escribir tantos días y en el que yo garabateaba, jugaba o estudiaba cuando papá y mamá aún eran felices. He vuelto a contemplar la inmensa biblioteca, sus libretas de notas amontonadas sobre la mesa de cristal. Me ha reconfortado el aroma a sándalo y, por un momento, ha llegado hasta mis oídos la música de piano que se ponía para leer. Hemos hablado de muchísimas cosas.

—En septiembre nos vamos a Nueva York, tu madre es adicta a esa ciudad, parece que no haya otro lugar en el mundo. Por cierto, ¿te ha dicho a qué hora volvería de la peluquería?

Mantenía en el rostro una franca sonrisa, la que recordaba de cuando yo era niño, antes de que se encerrara en sí mismo

y se abandonara. Sí, hemos charlado un buen rato de una vida soñada, la que habrían tenido si hubieran seguido juntos, hasta que me ha dicho que estaba cansado y que necesitaba dormir. Le he ayudado a meterse en la cama y lo he arropado; luego se ha dormido mientras le daba la mano. Como siempre, hemos obviado las cosas importantes: por qué se separaron, por qué se quebró nuestra familia, por qué dejé la carrera, por qué preferí irme lejos.

Al salir de la habitación, me esperaba de nuevo la enfermera o azafata. Ya no he tenido dudas de que se trataba de la misma joven. Con su sonrisa de complicidad me ha acompañado hasta la salida. Antes de irme, ha insistido en si necesitaba algo. Me he quedado un rato mirando sus inmensos ojos cristalinos y he querido acercarme para besarla, pero se ha desvanecido antes de que pudiera hacerlo. Cuando he salido, había dejado de llover. En vez de llamar un taxi, he preferido caminar hasta el hotel y he comenzado a escribir lo que papá ya no podrá leer. O sí. Quizá debería llamar a casa.

José Matas

Febrero

Lu	Ma	Mi	Ju	Vi	Sa	Do
						1
2	3	4	5	6	7	8
9	10	11	12	13	14	15
16	17	18	19	20	21	22
23	24	25	26	27	28	

Febrero

Lunes 2

Martes 3

Miércoles 4

Jueves 5

Febrero

Lu	Ma	Mi	Ju	Vi	Sa	Do
						1
2	3	4	5	6	7	8
9	10	11	12	13	14	15
16	17	18	19	20	21	22
23	24	25	26	27	28	

Viernes 6

Sábado 7

Domingo 8

Febrero

Lunes 9

☾ Cuarto menguante

Martes 10

Miércoles 11

Jueves 12

Febrero

Lu	Ma	Mi	Ju	Vi	Sa	Do
						1
2	3	4	5	6	7	8
9	10	11	12	13	14	15
16	17	18	19	20	21	22
23	24	25	26	27	28	

Viernes 13

Sábado 14

Día de san Valentín

Domingo 15

Febrero

Lunes 16

Martes 17

● Luna nueva

Miércoles 18

Miércoles de Ceniza

Jueves 19

Febrero

Lu	Ma	Mi	Ju	Vi	Sa	Do
						1
2	3	4	5	6	7	8
9	10	11	12	13	14	15
16	17	18	19	20	21	22
23	24	25	26	27	28	

Viernes 20

Sábado 21

Domingo 22

Febrero

Lunes 23

Martes 24

☾ Cuarto creciente

Miércoles 25

Jueves 26

Febrero ·:· Marzo

Lu	Ma	Mi	Ju	Vi	Sa	Do
						1
2	3	4	5	6	7	8
9	10	11	12	13	14	15
16	17	18	19	20	21	22
23	24	25	26	27	28	

Viernes 27

Sábado 28

Domingo 1

El límite de dos mundos

Freddy, un joven policía de veinticinco años, confiaba más en las reglas que en las personas. Su vida era disciplinada y predecible, y el caos del mundo no lo sorprendía.

Un día, mientras patrullaba, recibió una llamada sobre un posible caso de vandalismo en una mansión abandonada cerca del bosque de South Hill. Intrigado, decidió investigar.

La mansión, que se encontraba desierta y cubierta de vegetación, parecía estar abandonada desde hacía mucho tiempo. Al cruzar la verja, Freddy sintió que algo no iba bien. Al entrar, descubrió una esfera de luz flotando en el centro del salón.

Para su sorpresa, la luz comenzó a hablar.

—No temas, Freddy.

Su primer instinto fue alcanzar su radio para avisar a sus compañeros, pero la voz lo detuvo.

—No te haré daño. De hecho, necesito tu ayuda.

La luz reveló una pequeña figura con alas traslúcidas: un hada. Freddy parpadeó varias veces, convencido de que estaba alucinando.

—Mi nombre es Iris y tu llegada no es casualidad.

Freddy escuchó desconcertado mientras Iris le explicaba que la mansión era un portal entre dos mundos: el mágico y el humano. El equilibrio se había alterado, causando que criaturas mágicas empezaran a filtrarse en esa realidad, y eso podría traer grandes consecuencias.

—¿Y por qué yo? ¿Por qué me involucra esto a mí? —preguntó el chico, cruzándose de brazos al no entender nada.

—Eres especial, Freddy. Eres un Guardián aunque aún no lo sepas.

Freddy se rio con amargura.

—Yo sólo soy un policía. ¿Qué esperas que haga?

Iris lo miró fijamente.

—Elegiste esta profesión porque tienes un sentido innato de justicia. Pero en tu interior hay mucho más de lo que puedes imaginar.

Antes de poder responder, el suelo empezó a temblar. En la sala apareció una figura oscura; parecía hecha de sombras. Freddy apenas pudo reaccionar antes de que Iris lanzara un destello de luz, haciendo retroceder a la criatura.

—Era uno de los monstruos mágicos del otro mundo. Tenemos que cerrar el portal antes de que aparezcan muchos más –dijo ella–, pero yo sola no voy a poder.

Freddy no estaba seguro de qué hacer, pero algo en los brillantes ojos azules de Iris lo convencieron.

—¿Qué debo hacer para ayudarte? –preguntó con decisión en su mirada.

Iris le explicó que un artefacto mágico causó la apertura de ese portal, y se encontraba en algún sitio de la mansión. Para cerrarlo, necesitaban recuperarlo y usar un hechizo que ella conocía. Pero había un problema: las criaturas del otro lado intentarían detenerlos.

—Genial –murmuró Freddy–. Es como un videojuego pero sin pausas ni vidas extra.

Iris no entendió la referencia pero sonrió.

—Confía en mí, Guardián. Juntos podemos hacerlo.

La mansión, que parecía antigua y desierta, comenzó a cobrar vida. Los crujidos y murmullos de las paredes alertaban a Freddy de que algo no iba bien. Llegaron a una biblioteca donde encontraron un libro negro en un pedestal. Iris le explicó que el libro estaba protegido por un hechizo y que Freddy debía confiar en ella para desactivarlo. Iris se acercó a él y tocó su frente con sus cálidas y pequeñas manos. Al instante, Freddy sintió cómo una energía entraba y recorría todo su cuerpo. Al abrir los ojos, el mundo a su alrededor era diferente. Podía ver las energías mágicas del entorno.

—Esto es… increíble –susurró.

—Y peligroso –respondió Iris.

Con ese poder, el chico rompió el hechizo de protección del libro, alertando a las criaturas mágicas del otro mundo. Corrieron, Freddy con el libro en sus manos. Con cada paso, las paredes se iban desmoronando y criaturas oscuras aparecían por todas partes. Por suerte, Iris lograba mantenerlas a raya con sus destellos de luz. Finalmente llegaron al salón principal, donde el portal se manifestaba como un círculo de energía en el suelo.

El chico colocó el libro en el centro del portal e Iris comenzó a recitar un hechizo en un idioma que Freddy no comprendía, pero las criaturas seguían acercándose.

—¡Freddy! –gritó Iris–. ¡Necesito que creas!

—¿Creer en qué? –respondió él, lleno de desesperación.

—En ti mismo. En el equilibrio. En que todo esto tiene sentido.

Freddy respiró hondo. Cerró los ojos y concentró en sus manos toda la energía que había obtenido. Las extendió y usó toda su fuerza para cerrar el portal.

Un destello cegador llenó la habitación, y luego… silencio.

Al abrir los ojos, el portal ya no estaba. Todo era calma, como si nada hubiera sucedido.

Iris flotaba frente a él, sonriendo con cansancio.

—Lo has hecho, Freddy. El portal está cerrado. Has demostrado que eres un verdadero Guardián.

Freddy suspiró, aún tratando de procesar todo lo que había ocurrido.

—¿Esto significa que se ha acabado?

Iris negó con la cabeza.

—No. Sólo significa que ahora sabes la verdad. El mundo mágico y el humano siempre estarán conectados, y los Guardianes como tú son los que mantienen el equilibrio.

Freddy suspiró, esta vez no con frustración, sino con aceptación.

—Supongo que mi vida no volverá a ser normal, ¿verdad?

Iris sonrió.

—¿Y realmente quieres que lo sea?

Freddy se quedó en silencio. Por primera vez en años, no tenía una respuesta inmediata.

CLOE JAL HADI

Marzo

Lu	Ma	Mi	Ju	Vi	Sa	Do
						1
2	3	4	5	6	7	8
9	10	11	12	13	14	15
16	17	18	19	20	21	22
23	24	25	26	27	28	29
30	31					

Marzo

Lunes 2

Martes 3
○ Luna llena

Miércoles 4

Jueves 5

Marzo

Lu	Ma	Mi	Ju	Vi	Sa	Do
						1
2	3	4	5	6	7	8
9	10	11	12	13	14	15
16	17	18	19	20	21	22
23	24	25	26	27	28	29
30	31					

Viernes 6

Sábado 7

Domingo 8

Marzo

Lunes 9

Martes 10

Miércoles 11    Cuarto menguante

---

Jueves 12

Marzo

Lu	Ma	Mi	Ju	Vi	Sa	Do
						1
2	3	4	5	6	7	8
9	10	11	12	13	14	15
16	17	18	19	20	21	22
23	24	25	26	27	28	29
30	31					

Viernes 13

Sábado 14

Domingo 15

Marzo

Lunes 16

Martes 17

Miércoles 18

Jueves 19

San José, día del padre
 Luna nueva

Marzo

Lu	Ma	Mi	Ju	Vi	Sa	Do
						1
2	3	4	5	6	7	8
9	10	11	12	13	14	15
16	17	18	19	20	21	22
23	24	25	26	27	28	29
30	31					

Viernes 20

Sábado 21

Domingo 22

Marzo

Lunes 23

Martes 24

Miércoles 25   ☽ Cuarto creciente

Jueves 26

Marzo

Lu	Ma	Mi	Ju	Vi	Sa	Do
						1
2	3	4	5	6	7	8
9	10	11	12	13	14	15
16	17	18	19	20	21	22
23	24	25	26	27	28	29
30	31					

Viernes 27

Sábado 28

Domingo 29

Domingo de Ramos

Elania

¿Nunca os habéis preguntado cómo pasamos de ser simios sin pensamientos complejos a humanos capaces de colonizar el espacio, sentir empatía y destruirnos entre nosotros?

Algunos lo llaman magia; otros, evolución.

Los humanos llevan más de trescientos mil años dominando el planeta, es decir, llevan más de trescientos mil años destruyendo y contaminando la Tierra. Los niveles del mar, así como la temperatura, han ascendido, miles de especies se han extinguido y el aire ha sido contaminado hasta ser irrespirable. Se está acabando el tiempo para la especie humana, pero ¿quién la va a sustituir en un planeta prácticamente inhabitable? En 2463 se encuentra la respuesta. Ese año nace un ser que hasta ese momento era un mito, el hada.

Nuestra historia comienza con Marta. Hacía años que ella y su pareja intentaban tener un hijo, pero el tiempo pasaba y ningún método parecía funcionar.

Desesperados, decidieron participar en un estudio experimental, ya que era su último recurso, y su alegría no conoció límites cuando Marta por fin se quedó embarazada. Pero su júbilo no duró mucho, puesto que cuando nació la criatura, su aspecto no era ni remotamente parecido al de sus progenitores, ni siquiera era como la apariencia de un humano. La niña, si se la podía llamar así, tenía una constitución escuálida y enfermiza, sus huesos estaban cubiertos por una piel grisácea, casi azul. Sus orejas eran puntiagudas y recordaban a las de un elfo; sus dientes, visibles ya durante su primer día de vida, estaban afilados, y sus ojos eran perturbadoramente morados. Pese a la apariencia de su hija, Marta siempre la vio como una niña normal, no como el resto, que la trataba como a un de-

monio. El nombre de la primera hada era Elania, pero ella no fue la única de estos seres en nacer. Al cabo de pocos años, el veinticinco por ciento de la población mundial eran hadas. Mientras los humanos perecían debido a las duras condiciones climáticas, las hadas prosperaban en un mundo para el cual estaban bien adaptadas. Para el año 3000, las hadas habían colonizado el planeta por completo. La mayoría de especies de animales se habían extinguido, y los humanos no fueron la excepción, aunque lo cierto es que debido a su instinto de supervivencia fueron de las últimas especies en desaparecer. Cuando las hadas se convirtieron en la especie dominante, las cosas empezaron a cambiar; las ciudades se convirtieron en bastiones que mantenían a raya las catástrofes naturales que acechaban a la Tierra, y las poblaciones que se encontraban fuera de estas urbes estaban en constante peligro. Todos los núcleos urbanos adquirieron el mismo aspecto. Si tuviéramos que compararlos con una ciudad actual, sin duda, la más similar sería Singapur. Los enormes rascacielos estaban conectados por puentes cubiertos de una frondosa vegetación gracias a los que se podía acceder a todo tipo de servicios sin necesidad de descender al suelo. Este tipo de ciudades crecieron y se extendieron hasta llegar a ocupar el mismo territorio que la España actual. Se crearon diez metrópolis, cada una de las cuales era dirigida por un Senador Supremo; estos diez senadores formaban el gobierno de este mundo, conocido como El Comité. Esta asamblea gubernamental establecía las leyes por las que se regía toda la población. La medicina estaba muy avanzada, lo cual contribuía a que se alargara la esperanza de vida de las hadas hasta unos ciento diez años. La educación tomó un rumbo más enfocado en la práctica de los conceptos aprendidos, hasta los veinticuatro años, que era cuando se terminaban los estudios obligatorios y se cumplía la mayoría de edad. Entonces se realizaba una prueba de aptitud que definía en qué ámbito se desenvolvería mejor cada uno. Estos sectores eran: defensa y seguridad, educación, sanidad, ecoproducción (proveedores de alimento vegetal) y un concepto nuevo hasta el momento: prosperación y mejora. El Comité estaba formado por dos miembros de cada sector para así formar el equilibrio perfecto.

Pero eso no era todo, bajo aquella superficie de perfección se escondía un mundo de engaños, desesperación y pobreza. Pese a sus esfuerzos por evitar similitudes con las sociedades humanas, compartían un problema: la superpoblación, pero sus soluciones para resolverla fueron extremadamente diferentes. Cuando una ciudad llegaba a su máxima capacidad, aquellas hadas que tuvieran un rendimiento deficiente eran deportadas a las zonas habitadas exteriores, y era entonces cuando se daban cuenta del privilegio de vivir en las grandes urbes.

Todo esto se vio amenazado por el nacimiento de una criatura que era el fantasma de los tiempos pasados, una criatura que hacía milenios que no habitaba la Tierra, una humana. El pánico estalló en esta sociedad y El Comité se reunió para discutir su adecuado proceder. ¿Es que las hadas habían desperdiciado su oportunidad en la Tierra? ¿Sería ésta la segunda oportunidad de los humanos? Quizás estaban volviendo atrás en el tiempo sólo por la incesante preocupación de las hadas de no cometer los mismos errores que habían cometido sus antecesores.

Esta niña representaba un rayo de esperanza para la humanidad y su nombre era Elania.

Alicia Rodríguez
Marina Galimany

Abril

Lu	Ma	Mi	Ju	Vi	Sa	Do
		1	2	3	4	5
6	7	8	9	10	11	12
13	14	15	16	17	18	19
20	21	22	23	24	25	26
27	28	29	30			

Marzo ❧ Abril

Lunes 30

Martes 31

Miércoles 1

Jueves 2

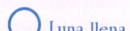 Luna llena

Abril

Lu	Ma	Mi	Ju	Vi	Sa	Do
		1	2	3	4	5
6	7	8	9	10	11	12
13	14	15	16	17	18	19
20	21	22	23	24	25	26
27	28	29	30			

Viernes 3
Viernes Santo

Sábado 4

Domingo 5
Domingo de Pascua

Abril

Lunes 6
Lunes de Pascua

Martes 7

Miércoles 8

Jueves 9

Abril

Lu	Ma	Mi	Ju	Vi	Sa	Do
		1	2	3	4	5
6	7	8	9	10	11	12
13	14	15	16	17	18	19
20	21	22	23	24	25	26
27	28	29	30			

Viernes 10

☾ Cuarto menguante

Sábado 11

Domingo 12

Abril

Lunes 13

Martes 14

Miércoles 15

Jueves 16

Abril

Lu	Ma	Mi	Ju	Vi	Sa	Do
		1	2	3	4	5
6	7	8	9	10	11	12
13	14	15	16	17	18	19
20	21	22	23	24	25	26
27	28	29	30			

Viernes 17

● Luna nueva

Sábado 18

Domingo 19

Abril

Lunes 20

Martes 21

Miércoles 22

Jueves 23

Día de sant Jordi y día mundial del libro

Abril

Lu	Ma	Mi	Ju	Vi	Sa	Do
		1	2	3	4	5
6	7	8	9	10	11	12
13	14	15	16	17	18	19
20	21	22	23	24	25	26
27	28	29	30			

Viernes 24

☽ Cuarto creciente

Sábado 25

Domingo 26

Abril

Lunes 27

Martes 28

Miércoles 29

Jueves 30

Abril ❀ Mayo

Lu	Ma	Mi	Ju	Vi	Sa	Do
		1	2	3	4	5
6	7	8	9	10	11	12
13	14	15	16	17	18	19
20	21	22	23	24	25	26
27	28	29	30			

Viernes 1

Día internacional de los trabajadores

○ Luna llena

Sábado 2

Domingo 3

Día de la madre

Hada de fuego

Érase una vez, y mentira no es, un ser que cambió de parecer cuando la calma se convirtió en tormento, que no divertimento, muy lejos de aquí, entre rosales de flor carmín.

El hada roja se asomaba entre tallos de aguijones para atender al ruido que procedía de la llanura. Sentía una atracción enorme pero no conseguía ver nada, salvo un resplandor que ondeaba por encima de la oscuridad de la noche. Husmeaba con su nariz picuda. Chamuscaba sus pestañas de manera vertiginosa. El cuello no daba más de sí. Algo le resultaba demasiado familiar.

Tenía terminantemente prohibido salir del Rosal de Pensamiento. Castigada. Así se lo habían impuesto las hadas mayores, y más le valía acatar órdenes para no levantar más ampollas, aunque se muriera de ganas por ir a ver qué podía estar sucediendo detrás del bosque. Había jugado con fuego y se había quemado. Gajes de juventud. Se había portado mal y lo sabía. Debía recapacitar, o eso le aconsejaban las ataduras invisibles que la transportaban a tiempos remotos, cuando la acogieron de la nada, sin tener origen ni sueño. Según le habían contado, la salvaron una vez y ahora cuidaban de ella. Se habían convertido en su familia.

Sin querer saltarse la condena, avivó sus orejas puntiagudas en pos de captar el misterio que tenía delante. Se ayudaba de las manos ahuecándolas en forma cónica. Le pareció escuchar algo en la lejanía. Las uñas se iluminaron para amplificar el sonido. ¡Alerta! Venían aires de tormenta. El volumen aumentaba y aumentaba, ya sin ayuda.

—¡Cada una a su flor! ¡Rápido, escudos! —percibió alto y claro, como si estuvieran a su lado.

La voz de alarma hizo que nadie la vigilara. Los aleteos se multiplicaban por doquier. Tuvo un momento de duda. ¿Escapar u obedecer? Resoplaba. Se puso la mano en el pecho. La piedra del colgante perdía color y se enfriaba. No estaba bien. Ella pensando en minucias mientras animalillos y otros seres de leyenda corrían despavoridos. Los polvos dorados de las hadas mayores dibujaban estrellas fugaces con el propósito de controlar el desorden. Se limitó a observar, atenta. Notaba recelo y, a su vez, encanto.

Afrontaba una sensación extraña dentro del caos hasta que lo vio. Aquello se acercaba a una velocidad endiablada. Cálido. Luminoso. Colosal. La leña trinaba a su paso igual que unas castañuelas. Se preguntaba si tan sólo ella lo percibía como una melodía hechizante. Ritmo, intensidad y seducción ardiente. Nunca se había sentido tan atraída por lo que tildaban de infierno. No le inspiraba temor. Aquello tan bonito no podía ser tan malo. Necesitaba comprobarlo de alguna manera y, con ello, sucumbir a la tentación.

—¡Pasos de caracol, círculo y protección! —gritaron las madrinas al unísono delante del cielo iluminado.

En el preciso instante posterior a escuchar el encantamiento, no se lo pensó y saltó desde lo alto del rosal para aprovechar el vuelo del hechizo. Salió disparada hacia arriba. Libre. Audaz. Radiante. Flotaba entre las llamas que avanzaban a paso firme. El humo le permitía danzar sin ser vista. El calor no le quemaba, más bien la calmaba.

Dos mundos incompatibles se enzarzaban en una lucha sin sentido. El fuego chocaba con el escudo de protección, delante de quienes tuvieron bienquerencia con ella. No podía permitirlo. Fue entonces cuando desde el aire, a veinte pies del suelo, agachó la cabe-

za. Los ojos se le encendieron y la cabellera rojo fuego adoptó su peso en la luna. Con un gesto electrizante marcó una línea en la tierra. Estiró las manos y, a medida que levantaba los brazos, logró que se extendiera una fina capa semitransparente que se disimulaba con la fogosidad del aire amarillo. Poco a poco guio la energía hacia la laguna. Le costaba mantener el rumbo. Nunca había practicado un hechizo de tal envergadura. Se debilitaba. Debía resistir. Un último chasquido la dejó exhausta.

A la mañana siguiente, ya de día, apareció en la orilla. Sin fuerzas. Desangelada, vacía de color. Se levantó y echó la vista atrás con suma tristeza. La llanura se había desdibujado por completo. Los campos teñidos de verde hierba se habían mutado a un devastador gris ceniza. Por suerte y empeño había conseguido mantener el bosque a salvo, pero vaticinaba que no por mucho tiempo.

—¡Desobedeciste pero nos salvaste! El brillo surge de caminos inescrutables; no obstante, cabe analizar las secuelas por el bien de todas –razonaban las madrinas con señas hacia el Rosal de Pensamiento.

Interiorizó la indirecta. Se le grabó a fuego que cualquiera es responsable de sus actos y, sea como fuere, aunque el resultado satisfaga, hay que dar cuenta a las consecuencias con entereza y humildad. Con esto, asumió su cometido como apoyo a otras hadas rebeldes, desde el rosal que se convertiría en su casa.

Así que, si paseando por el bosque ves un rosal de flor carmín, cuida de él y no lo lastimes porque dentro puede que habite algún hada de fuego.

Y con aires asilvestrados diría que este cuento ha finalizado.

DANIEL HARRIS

Mayo

Lunes 4

Martes 5

Miércoles 6

Jueves 7

Mayo

Lu	Ma	Mi	Ju	Vi	Sa	Do
				1	2	3
4	5	6	7	8	9	10
11	12	13	14	15	16	17
18	19	20	21	22	23	24
25	26	27	28	29	30	31

Viernes 8

☾ Cuarto menguante

Sábado 9

Domingo 10

Mayo

Lunes 11

Martes 12

Miércoles 13

Jueves 14

Mayo

Lu	Ma	Mi	Ju	Vi	Sa	Do
				1	2	3
4	5	6	7	8	9	10
11	12	13	14	15	16	17
18	19	20	21	22	23	24
25	26	27	28	29	30	31

Viernes 15

Sábado 16

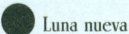 Luna nueva

Domingo 17

Mayo

Lunes 18

Martes 19

Miércoles 20

Jueves 21

Mayo

Lu	Ma	Mi	Ju	Vi	Sa	Do
				1	2	3
4	5	6	7	8	9	10
11	12	13	14	15	16	17
18	19	20	21	22	23	24
25	26	27	28	29	30	31

Viernes 22

Sábado 23

☽ Cuarto creciente

Domingo 24

Domingo de Pentecostés

Mayo

Lunes 25

Martes 26

Miércoles 27

Jueves 28

Mayo

Lu	Ma	Mi	Ju	Vi	Sa	Do
				1	2	3
4	5	6	7	8	9	10
11	12	13	14	15	16	17
18	19	20	21	22	23	24
25	26	27	28	29	30	31

Viernes 29

Sábado 30

Domingo 31

 Luna llena

Iván, el mago Raziel y las hadas azules

Grandes lágrimas como perlas de sal transparente resbalaban por sus mejillas mientras corría sin rumbo hacia lo más profundo del bosque. El chiquillo había soportado más de lo que un niño debería sufrir. Su mamá lo había dejado tras una larga enfermedad en un momento delicado de su vida; sólo era un adolescente de catorce años. Su padre los había abandonado a ambos hacía mucho tiempo y ahora la soledad se le hacía difícil de soportar. Tras esta huida sin dirección, cayó finalmente exhausto en un claro del bosque y se quedó profundamente dormido en el suelo, acurrucado entre algunas hojas secas.

Las hadas azules guardaban aquel bosque y, al verlo, sintieron una infinita ternura; lo levantaron sin que él se despertase y lo transportaron hasta el interior de un gran tronco hueco donde varios animales tenían espacio para anidar. Allí estaría resguardado del frío y de los animales salvajes. Luego lo arroparon con una manta hecha de forraje seco y lo dejaron descansar.

Al despertar, Iván se notó aliviado, abrió los ojos y vio ante él a un señor de larga barba gris que le llegaba hasta la mitad del pecho y vestía una túnica iridiscente en varios tonos de azul.

—Hola Iván –le dijo el señor de barba en un tono maternal–. Ése es tu nombre, ¿verdad?

El chico lo miró atónito asintiendo con la cabeza.

—Soy el mago Raziel. Me gustaría poder traer de regreso a tu mamá, pero rompería las leyes universales de la vida; igualmente, estoy aquí para cumplir uno de sus deseos. –Iván se sintió de inmediato seguro y acogido por su voz compasiva.

El mago Raziel siguió hablándole:

—A pesar de tu dolor, me gustaría que supieras que hay magia en el mundo y que todo tiene una razón de ser. Tu vida volverá a florecer y tú volverás a sonreír y a crecer. Tu mamá te ha traído hasta mí para que te enseñe algunas lecciones que te ayuden a encauzar de nuevo tu vida.

—Gracias por hacerme saber que de alguna manera mi mamá sigue estando ahí, aunque no pueda verla –le respondió Iván.

—La vida y la muerte son parte de un ciclo –continuó–. Una siempre sigue a la otra, pero la energía no muere, sólo se transforma. ¿Sabes? En este bosque a veces la niebla es tan densa que no puedes ver tus manos delante de tu cara. Das un paso adelante y te hundes en el suelo pantanoso. En la vida también hay momentos muy difíciles, pero nos ayudan a hacernos fuertes; hay que sortearlos de la mejor manera posible. Quedarse quieto y esperar a que la niebla se levante es lo mejor que puedes hacer en un terreno pantanoso. Mantente tranquilo, si sigues corriendo corres el riesgo de quedarte atrapado. Deja primero que tus emociones afloren y sanen.

Las hadas azules revoloteaban alrededor concentrando su energía en el corazón de Iván, lanzándole rayos azules de sanación. Iván se iba sintiendo cada vez mejor en aquel bosque de seres azules bondadosos.

El hada azul de la tierra añadió, dirigiéndose al chico:

—La vida son ciclos. Del mismo modo que la primavera le sigue al invierno, hay un tiempo para comenzar y otro para terminar. Ahora empieza para ti un nuevo ciclo en el que renacerás y te harás fuerte para brillar en el mundo.

El mago Raziel continuó con sus enseñanzas, como había prometido a su madre.

—Cuando te sientas bien para seguir adelante, empieza a trabajar con la intención que pones en tu mente; es muy poderosa, donde la diriges, tu energía se canalizará, así que ponla siempre en la dirección de tus sueños. También debes prestar atención a tus pensamientos, ya que crean tu realidad. Enfócalos en lo bueno, así atraerás a personas amorosas y positivas a tu vida. Si diriges tus pensamientos a las cosas que no funcionan, crearás más situaciones desafiantes y difíciles en tu vida. Concéntrate en pensar y hablar de forma amorosa, también a ti mismo.

Iván grababa cada palabra en su mente como si fuera un tesoro que venía directo de su madre.

—Recuerda –siguió el mago– que en tu interior tienes un poder que puede ayudarte en todo momento; lo desarrollarás concentrando tu energía en una sola cosa cada vez. No te dispersus con actividades que no son esenciales para tus objetivos. Si lo haces así, será sólo cuestión de tiempo que los milagros empiecen a aparecer en tu vida.

—Iván –añadió el hada azul del agua–, no debes quedarte anclado en el dolor y el rencor; después de un tiempo de duelo, deberás retomar el control de tu vida.

—Cierto –dijo el mago–. Tienes que estar listo para recuperar tu fortaleza y para ir por el mundo diciendo tu verdad; eso es lo que más lejos te llevará en la vida, no tengas miedo de ser juzgado o rechazado, trabaja para aceptarte tal y como eres y para ser completamente tú.

Iván escuchaba con atención intentando asimilar todo lo que oía de aquellos seres azulados y brillantes.

—Todas las personas tienen un don en su interior –añadió Raziel–, y tú también tienes el tuyo, que tendrás que localizar, desarrollar y poner al servicio de los demás.

El hada azul del aire añadió:

—Todos somos seres de luz y tenemos la posibilidad de sanar y llevar esa luz a los demás. Esa luz te puede ayudar a superar todos tus obstáculos, incluido este momento vital.

El hada azul de fuego apostilló:

—Recuerda que la fuerza que anida en ti es un don del universo, con ella puedes manifestar tus sueños y obtener sabiduría, pero nunca debes utilizarla para dominar o manipular a otros.

Por último, el mago Raziel, haciéndole un ademán, le dijo:

—Ven conmigo.

Iván respiró profundamente, se puso en pie y caminó junto a él por un camino de boscaje espeso. Las hadas azules los seguían mientras se dirigían a un recodo donde había una cueva. Raziel entró en ella con una zancada grande e Iván y las hadas azules lo siguieron. Al entrar, la cueva de piedra se transformó mágicamente en una cueva de cristal. Iván se frotó de nuevo los ojos pero, sin tener tiempo de reaccionar, Raziel le indicó que se colocara encima de una piedra de cuarzo amatista que había en el centro de la cueva y que lanzaba reflejos de color violeta en todas direcciones. Iván le obedeció. Las hadas azules y el mago lo observaban mientras el chico se recargaba de una energía cálida y agradable y empezaba a sentir confianza en la vida. Raziel le dedicó unas últimas palabras antes de salir de la cueva:

—El cambio en la vida a veces sucede en un suspiro, pero hay algunas cosas que requieren tiempo y paciencia, solamente recuerda: todo lo que reciba tu cuidado y atención prosperará.

Ésas fueron las últimas palabras que recordaba del mago Raziel; tras escucharlas, despertó de nuevo en el lecho de hojas en el que inicialmente se había quedado dormido, pero esta vez se sentía una persona distinta, no sentía dolor y se sentía fuerte y dispuesto a iniciar una nueva vida.

MAITE BAYONA

Junio

Lu	Ma	Mi	Ju	Vi	Sa	Do
1	2	3	4	5	6	7
8	9	10	11	12	13	14
15	16	17	18	19	20	21
22	23	24	25	26	27	28
29	30					

Junio

Lunes 1

Martes 2

Miércoles 3

Jueves 4

Corpus Christi

Junio

Lu	Ma	Mi	Ju	Vi	Sa	Do
1	2	3	4	5	6	7
8	9	10	11	12	13	14
15	16	17	18	19	20	21
22	23	24	25	26	27	28
29	30					

Viernes 5

Sábado 6

Domingo 7

Junio

Lunes 8

☾ Cuarto menguante

Martes 9

Miércoles 10

Jueves 11

Junio

Lu	Ma	Mi	Ju	Vi	Sa	Do
1	2	3	4	5	6	7
8	9	10	11	12	13	14
15	16	17	18	19	20	21
22	23	24	25	26	27	28
29	30					

Viernes 12

Sábado 13

Domingo 14

Junio

Lunes 15

Martes 16

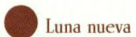 Luna nueva

Miércoles 17

Jueves 18

Junio

Lu	Ma	Mi	Ju	Vi	Sa	Do
1	2	3	4	5	6	7
8	9	10	11	12	13	14
15	16	17	18	19	20	21
22	23	24	25	26	27	28
29	30					

Viernes 19

Sábado 20

Domingo 21

 Cuarto creciente

Junio

Lunes 22

Martes 23

Miércoles 24

Jueves 25

Junio

Lu	Ma	Mi	Ju	Vi	Sa	Do
1	2	3	4	5	6	7
8	9	10	11	12	13	14
15	16	17	18	19	20	21
22	23	24	25	26	27	28
29	30					

Viernes 26

Sábado 27

Domingo 28

La belleza en lo imperfecto

Los segundos pasaban con lentitud. El tiempo parecía no avanzar. El silencio reinaba en las calles de aquel barrio de Barcelona. El único ruido que se apreciaba era el impacto del viento lleno de ira sobre las hojas secas y vulnerables de los árboles, que se dejaban ver gracias a la luz tenue plasmada por farolas antiguas y desgastadas. Había luna llena. Su impresionante brillo se reflejaba en las ventanas de las casas. A través de una de ellas, se veía el rostro pálido de una joven, oculto por unas manos heridas que intentaban esconder las lágrimas que se deslizaban lentamente por la piel de sus mejillas. Tenía los ojos enrojecidos, los párpados hinchados y la mirada perdida. Se levantó del suelo con la poca fuerza que le quedaba. Se dirigió a la puerta de su habitación y se quedó parada observando su silueta en el espejo. En su mente aparecieron muchos pensamientos. Le daba asco su propia imagen, su cuerpo, su cara. No sólo le desagradaba su físico, sino también su personalidad. No había nada que encontrara positivo en ella misma.

Aquella chica era Sofía, una adolescente de quince años a la que todo le había dejado de importar. Sus padres estaban ausentes, en proceso de divorcio. Desde hacía mucho tiempo no sentía felicidad. En algún sitio había leído que ser feliz es buscar lo que nos hace sentir vivos. No tenía motivo para vivir. El mundo le parecía un lugar cruel sin belleza, repleto de imperfecciones y tristezas. No podía más. Necesitaba ayuda, pero no la iba a pedir. Era inconsciente de la grave situación en la que se hallaba.

Era la hora de cenar pero a Sofía no le importaba. Estaba sola. Su madre, en el trabajo; su padre, con su abuela en el hospital. Tras ir al baño a lavarse la cara, la joven se detuvo en el pasillo y observó una foto enmarcada. En ella, aparecía Sofía de pequeña, sonriente, jugando con una figura de un hada entre las manos. Al mirarla, recordó ese juguete que le habían regalado sus abuelos en su octavo cumpleaños. La había llamado Sol por sus cabellos rubios ondulados. Lo que más le gustaba eran sus alas diminutas que reflejaban magia. Le fascinaba imaginar historias en las que las dos eran hadas y vivían aventuras en el País de la Magia, donde todo era posible. Pensó en cómo fue tan feliz con sólo una muñequita, ajena a la realidad.

Extrañó aquel sentimiento. Las ganas de llorar la invadieron otra vez. Se acostó. Notó que alguien le tocaba la cara. Una vez. Dos veces. Empezó a escuchar que la llamaban por su nombre y se despertó. Al abrir los párpados vio un rostro pequeño de ojos claros y labios definidos. Las ondas rubias de aquel ser caían sobre el cuerpo de Sofía.

—Despierta –decía su dulce voz.

La reconoció. Era Sol, el hada con la que tanto había jugado de niña. Se incorporó y se sentó sobre el césped. Durante unos segundos apreció aquella escena irreal: montañas no muy lejanas, junto a pequeños pueblos de casas coloridas, bajo un cielo teñido de tonos anaranjados y rosados. Al girar la cabeza vio a Sol mirándola. Detrás de ella se escondían sus alas brillantes que se asemejaban a las de una mariposa. Una bella mariposa.

De repente, dijo:

—No te preocupes, estás en el País de la Magia. ¡Cuánto tiempo sin vernos! ¿Cómo estás?

Sofía, confundida, se quedó callada pensando en una posible respuesta. El hada, con una sonrisa sincera y una mirada compasiva, añadió:

—Sé que no estás bien, Sofía. Me parte el alma verte así. Me acuerdo de nuestros momentos juntas y tu felicidad intensa. ¿Recuerdas cómo reías cuando volábamos por estos prados pensando en cuál sería nuestra próxima aventura? Cualquiera podía notar tu esencia a kilómetros de distancia. Todavía la tienes pero la has de reencontrar. El dolor que sientes sólo lo entiendes tú, pero puedes salir de esta situación.

Sofía respondió con los ojos humedecidos:

—No, no puedo.

Sol pensó su siguiente respuesta para ser asertiva y dijo:

—La vida está llena de momentos complicados, tanto que a veces crees que no serás capaz de afrontarlos. Aunque el mundo sea imperfecto, siempre puedes hallar belleza. Hace falta observar y reflexionar. Sólo tienes una vida. Vívela. No encuentras motivos para hacerlo, pero el secreto de la felicidad es simplemente vivir, tanto lo bueno como lo malo. Necesitas ayuda, Sofía, tú te mereces la felicidad tanto como los demás.

Sofía se despertó bruscamente con el pulso acelerado. Había sido un sueño. Sin embargo, se quedó pensando en lo que había pasado. Parecía real. Tenía que prepararse para ir al instituto. A medida que pasaba el tiempo, cada una de las palabras que el diminuto ser había expresado cobraba sentido. Tenía razón. Bajó las escaleras con la mochila pesada en la espalda pensando en lo primero que haría al llegar al colegio. Debía darse prisa. Antes de cruzar la puerta de la casa, se miró al espejo. Esta vez, su rostro manifestó alegría a través de una sonrisa leve. Tras ella, a través del espejo, vio algo que le llamó la atención. Sobre un mueble se hallaba aquella muñequita, Sol. Sofía se acercó, la cogió, la miró a los ojos y le dijo «Gracias».

Lucía Mur Henríquez

Julio

Lu	Ma	Mi	Ju	Vi	Sa	Do
		1	2	3	4	5
6	7	8	9	10	11	12
13	14	15	16	17	18	19
20	21	22	23	24	25	26
27	28	29	30	31		

Junio ❀ Julio

Lunes 29

Martes 30

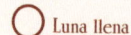 Luna llena

Miércoles 1

Jueves 2

Julio

Lu	Ma	Mi	Ju	Vi	Sa	Do
		1	2	3	4	5
6	7	8	9	10	11	12
13	14	15	16	17	18	19
20	21	22	23	24	25	26
27	28	29	30	31		

Viernes 3

Sábado 4

Domingo 5

Julio

Lunes 6

Martes 7
☾ Cuarto menguante

Miércoles 8

Jueves 9

Julio

Lu	Ma	Mi	Ju	Vi	Sa	Do
		1	2	3	4	5
6	7	8	9	10	11	12
13	14	15	16	17	18	19
20	21	22	23	24	25	26
27	28	29	30	31		

Viernes 10

Sábado 11

Domingo 12

Julio

Lunes 13

Martes 14   ● Luna nueva

Miércoles 15

Jueves 16

Julio

Lu	Ma	Mi	Ju	Vi	Sa	Do
		1	2	3	4	5
6	7	8	9	10	11	12
13	14	15	16	17	18	19
20	21	22	23	24	25	26
27	28	29	30	31		

Viernes 17

Sábado 18

Domingo 19

Julio

Lunes 20

Martes 21

☽ Cuarto creciente

Miércoles 22

Jueves 23

Julio

Lu	Ma	Mi	Ju	Vi	Sa	Do
		1	2	3	4	5
6	7	8	9	10	11	12
13	14	15	16	17	18	19
20	21	22	23	24	25	26
27	28	29	30	31		

Viernes 24

Sábado 25

Santiago Apóstol

Domingo 26

Julio

Lunes 27

Martes 28

Miércoles 29

○ Luna llena

Jueves 30

Julio ❀ Agosto

Lu	Ma	Mi	Ju	Vi	Sa	Do
		1	2	3	4	5
6	7	8	9	10	11	12
13	14	15	16	17	18	19
20	21	22	23	24	25	26
27	28	29	30	31		

Viernes 31

Sábado 1

Domingo 2

La canción del bosque

En lo profundo del bosque, donde la luz del sol tan apenas se filtra entre las hojas, las hadas cuidan del mundo con su canción. Una canción que, en su voz mágica, alimenta al mundo. Nosotros, los humanos, no somos conscientes de esa canción; sin embargo, su melodía resuena cada amanecer despertando al mundo y llenándolo de vida. Cada noche, las voces cristalinas de las hadas tejen un hechizo invisible que mantiene el equilibrio de la naturaleza. Sin esta melodía, los ríos podrían secarse, los árboles enfermarían y el bosque perdería su magia. Todo el mundo acabaría perdiendo su luz. Por ello es sumamente importante que las hadas puedan llevar a cabo su canción mágica todas las noches.

Una de ellas, Lira, era conocida por tener la voz más dulce y poderosa. En realidad, gracias a su voz, las otras voces podían unirse en una sola y llevar a cabo su magia, ya que era la líder de las hadas cantoras. Pero una noche, al preparar su canto, descubrió con horror que no podía emitir sonido alguno. Su garganta vibraba, pero el aire salía mudo. Lo intentó de nuevo, pero el silencio respondió con crueldad.

El tiempo apremiaba y, con horror, ese día no pudieron iniciar su canto mágico.

—¿Qué haremos sin tu voz, Lira? —preguntó un hada joven con preocupación.

El bosque empezó a marchitarse. Las hojas se tornaron grises y los animales permanecían inquietos. El equilibrio se desmoronaba lentamente.

Desesperada, Lira decidió buscar ayuda. Recordó las historias de los humanos que, aunque distantes, a veces poseían dones únicos, ya que éstos también podían poseer magia.

Lira se dispuso a consultar los oráculos de las hadas, se adentró en su templo y recibió un mensaje esperanzador.

Cuando la voz sea negada, cuando el bosque se marchite,
será tiempo de vidas ser juntadas.
Busca en almas humanas el poder musical de las hadas.

Lira lo tuvo claro, debía encontrar a un humano con poderes musicales, alguien excepcional, de modo que, rápidamente, voló hasta la aldea cercana, y buscó y buscó entre todos ellos a alguien que tuviera el don musical.

Estuvo buscando todo el día; pero nada. Transcurrieron varias horas y, finalmente, pasó todo el día hasta que llegó la noche.

—Otro día más sin canto —pensó el hada, mientras veía cómo el mundo, poco a poco, seguía marchitándose.

Pero cuando estaba a punto de darse por vencida, oyó una dulce melodía de flauta proveniente de la casa más alejada del pueblo. Fue volando hasta allí como hipnotizada por las notas y en la casa encontró a Aila, una joven música que cada anochecer practicaba junto al río. Sin saber cómo, Lira supo el nombre de la chica, ya que su música desprendía magia por todos los lados.

—Aila —susurró Lira, apareciendo entre brillos de luz—. Necesito tu ayuda. He perdido mi voz, y sin mi canto, el bosque está en peligro.

Aila, asombrada, escuchó con atención. Conmovida por la desesperación del hada, aceptó ayudarla.

—¿Qué puedo hacer? —preguntó la joven.

Aunque Lira no sabía bien cómo podrían conseguir salvar su voz, sabía que, de algún modo, Aila debía ir con ella.

—Ven conmigo al corazón del bosque y trae contigo tu flauta. Tal vez tu música pueda guiar mi voz de regreso.

Juntas se adentraron en el bosque moribundo. Aila sintió el peso del silencio opresivo. Todo estaba más oscuro, más frío de lo normal. Se notaba que sucedía algo en el bosque.

Llegaron a un claro en el corazón del bosque. Allí, una fuente de agua cristalina reflejaba la luna en sus aguas. Lira, sin estar muy segura de lo que hacía, indicó a Aila que tocara su flauta. Entonces, Aila cerró los ojos, respiró profundamente y sintió la magia del bosque. Y sin saber cómo, se dejó llevar por la melodía que de pronto le venía a la mente, y comenzó una melodía suave que se elevó como una brisa cálida entre los árboles.

Las otras hadas se reunieron en torno a ella, escuchando con esperanza. La música de Aila era pura y vibrante, una canción que hablaba de vida, de esperanza. Y de pronto la magia surgió:

una luz suave iluminó las notas musicales en el aire, la música de la flauta de Aila era casi tangible, iluminada por una luz dorada, que inundó a Lira e iluminó su garganta. De pronto, Lira sintió algo en su interior, una chispa que comenzaba a arder.

Inspirada, intentó cantar. Al principio, sólo un leve susurro surgió de su garganta. Aila continuó tocando y la chispa creció. Lira cerró los ojos y dejó que la música la envolviera por completo, elevándola incluso del suelo.

De repente su voz volvió. Un sonido etéreo y dulce emergió, fundiéndose con la melodía de la flauta. Junto a Lira, todas las hadas empezaron a cantar, con voces fuertes y dulces al mismo tiempo, que envolvieron al bosque entero.

El aire vibró y el bosque despertó de inmediato. Las hojas recobraron su verdor, los animales salieron de sus escondites y una luz dorada bañó todo el lugar.

Cuando terminaron, el sol salía de nuevo. Habían permanecido toda la noche cantando sin siquiera darse cuenta del tiempo que había transcurrido. El bosque entero cantaba de nuevo y vibraba incluso más vivo que antes.

—Gracias, Aila –dijo Lira con lágrimas en los ojos–. Tu música ha salvado nuestro mundo y me ha devuelto la voz.

Y así, hada y humana se fundieron en un largo abrazo.

Desde esa noche, el canto de las hadas y la música de Aila se entrelazaban todos los días, asegurando que el bosque nunca volviera a callar.

CALDEO

Agosto

Lu	Ma	Mi	Ju	Vi	Sa	Do
					1	2
3	4	5	6	7	8	9
10	11	12	13	14	15	16
17	18	19	20	21	22	23
24	25	26	27	28	29	30
31						

Agosto

Lunes 3

Martes 4

Miércoles 5

Jueves 6

☾ Cuarto menguante

Agosto

Lu	Ma	Mi	Ju	Vi	Sa	Do
					1	2
3	4	5	6	7	8	9
10	11	12	13	14	15	16
17	18	19	20	21	22	23
24	25	26	27	28	29	30
31						

Viernes 7

Sábado 8

Domingo 9

Agosto

Lunes 10

Martes 11

Miércoles 12   ● Luna nueva

Jueves 13

Agosto

Lu	Ma	Mi	Ju	Vi	Sa	Do
					1	2
3	4	5	6	7	8	9
10	11	12	13	14	15	16
17	18	19	20	21	22	23
24	25	26	27	28	29	30
31						

Viernes 14

Sábado 15

Asunción de la Virgen

Domingo 16

Agosto

Lunes 17

Martes 18

Miércoles 19

Jueves 20  Cuarto creciente

Agosto

Lu	Ma	Mi	Ju	Vi	Sa	Do
					1	2
3	4	5	6	7	8	9
10	11	12	13	14	15	16
17	18	19	20	21	22	23
24	25	26	27	28	29	30
31						

Viernes 21

Sábado 22

Domingo 23

Agosto

Lunes 24

Martes 25

Miércoles 26

Jueves 27

Agosto

Lu	Ma	Mi	Ju	Vi	Sa	Do
					1	2
3	4	5	6	7	8	9
10	11	12	13	14	15	16
17	18	19	20	21	22	23
24	25	26	27	28	29	30
31						

Viernes 28

○ Luna llena

Sábado 29

Domingo 30

La flor de la vida

En un pequeño rincón del bosque a las afueras de la ciudad se encontraba un valle repleto de flores coloridas que desprendían olor a primavera. Éste estaba lleno de hierba alta que no dejaba ver qué se escondía en el interior. Los árboles eran frondosos, con una gran cantidad de hojas verdes que empezaban a nacer de sus ramas. Los pájaros cantaban contentos la llegada de la nueva estación, dándole una calurosa bienvenida.

En una parte remota de aquel bosque había una aldea habitada por hadas. Parecían sacadas de un cuento fantástico: con alas brillantes que relucían a la luz del sol, revoloteaban por el cielo majestuosamente y ocupaban las setas como refugio para resguardarse de la lluvia. Todas tenían el cabello largo con distintas tonalidades que ondeaba al ritmo de su vuelo.

Aunque parecían una sociedad común, las hadas funcionaban de una manera muy distinta a la de los humanos, tanto en la forma de organizarse como por sus costumbres. Cada vez que un hada nacía, una preciosa flor se disponía a crecer, formando así un campo de flores, todas distintas entre sí, pero hermosas por igual. Estas flores estaban conectadas con las hadas, de manera que, si un hada fallecía, su flor moriría con ella. No obstante, no todas las flores del valle contenían en su interior el alma de un hada, solamente una pequeña cantidad daba vida a estas mágicas criaturas. Todas las flores debían ser visitadas por su hada al menos una vez al día, para poder saber su estado y controlar cualquier cosa que pudiera fallar en ambas para solucionarla. Entre las hadas existía un enorme respeto por las flores. Cualquiera que maltratase o aplicase violencia sobre alguna de ellas sería rápidamente expulsada y desterrada de esta sociedad tan compleja.

Había una joven y alegre hada de cabello castaño y atuendo rosa que destacaba del resto. Su rostro era delicado y bello, maquillado con trozos de frambuesa que recogía ella misma; sus ojos verdes y grandes le servían para explorar todo al máximo y encontrar respuestas a aquellas cosas que todavía desconocía; su voz era frágil, delicada, y con ella cantaba canciones por la aldea, alegrando a cualquiera que las oyera.

Ella nunca había visto en persona a aquellos animales gigantes de los que todos hablaban, esos monstruos sin piedad. Pero su insistente curiosidad le generaba la duda de si realmente eran de aquella forma, o si tan sólo eran invenciones para generar temor entre las hadas.

En la otra punta del bosque, había una casa azul diminuta que no se parecía al resto de residencias de aquella zona. En ella habitaba un humano muy triste, desolado por la muerte de su esposa, que había fallecido el día anterior. Y la echaba mucho de menos. Aquel hombre había oído muchas historias sobre los diminutos seres mágicos que habitaban el bosque, pero nunca llegó a aceptar su existencia. Las hadas para él eran solamente criaturas sobrenaturales sobre las cuales se escribían novelas y se hacían películas de ficción.

El día del entierro de su esposa, el hombre se despertó con los primeros rayos del sol, sin interés de seguir adelante y menos de asistir a esa ceremonia tan incómoda para él. Abrió e inspeccionó su armario en búsqueda de un traje negro adecuado para la ocasión. Pensó que la mejor idea de mostrar su amor a su difunta esposa era llevarle un ramo de flores similar a aquel que le regaló la primera vez que salieron juntos. Fue un detalle que la hizo muy feliz. Constaba de diferentes tipos de plantas recogidas en el bosque cercano a su casa. Así que salió por la puerta en busca del conjunto perfecto para su amada. Mientras se adentraba en el bosque, las hadas oían sus pasos cada vez más cerca, así que decidieron resguardarse de un posible peligro. El hombre recogió una gran cantidad de flores sin que pasara nada. Tan sólo cuando aproximó la mano a la flor más bella que había visto nunca, sintió un ligero dolor en la muñeca. Parecía una quemadura o un corte. Fuese lo que fuese, hizo que el hombre retrocediera y volviera por donde había venido.

La flor que acababa de ser arrancada pertenecía a la joven hada. Ésta dio un grito escalofriante al notar lentamente cómo su cuerpo le fallaba. Perdió la capacidad de hablar, sus parpados cayeron con facilidad hasta que se cerraron completamente, y justo entonces, su cuerpo ligero y débil cayó de golpe en el suelo de la caseta en la que se había escondido para protegerse de aquel gigante.

El hombre ya había llegado a su destino mientras sentía cómo todo su cuerpo era invadido por dentro. Las piernas le flaqueaban, y al levantar la manga de su camisa negra, pudo observar en todo su brazo un color muy oscuro. Pero con esfuerzo y dificultad se acercó a la tumba de su mujer y posó con delicadeza sobre ésta el ramo que le habría costado la vida. Su cuerpo dejó de aguantar su peso y cayó al suelo en un breve instante.

A pesar de todo lo sucedido, las hadas les recordarían a uno de ellos con respeto y honor, y al otro, con desprecio y temor. Estas diferencias poco importaban, pues eran más parecidos de lo que se creía, bastaba con pensar que su corazón se detuvo al mismo tiempo.

EMMA PÉREZ BOJ

Septiembre

Lu	Ma	Mi	Ju	Vi	Sa	Do
	1	2	3	4	5	6
7	8	9	10	11	12	13
14	15	16	17	18	19	20
21	22	23	24	25	26	27
28	29	30				

Agosto ❀ Septiembre

Lunes 31

Martes 1

Miércoles 2

Jueves 3

Septiembre

Lu	Ma	Mi	Ju	Vi	Sa	Do
	1	2	3	4	5	6
7	8	9	10	11	12	13
14	15	16	17	18	19	20
21	22	23	24	25	26	27
28	29	30				

Viernes 4

☾ Cuarto menguante

Sábado 5

Domingo 6

Septiembre

Lunes 7

Martes 8

Miércoles 9

Jueves 10

Septiembre

Lu	Ma	Mi	Ju	Vi	Sa	Do
		1	2	3	4	5	6
7	8	9	10	11	12	13
14	15	16	17	18	19	20
21	22	23	24	25	26	27
28	29	30				

Viernes 11

● Luna nueva

Sábado 12

Domingo 13

Septiembre

Lunes 14

Martes 15

Miércoles 16

Jueves 17

Septiembre

Lu	Ma	Mi	Ju	Vi	Sa	Do
	1	2	3	4	5	6
7	8	9	10	11	12	13
14	15	16	17	18	19	20
21	22	23	24	25	26	27
28	29	30				

Viernes 18

☽ Cuarto creciente

Sábado 19

Domingo 20

Septiembre

Lunes 21

Martes 22

Miércoles 23

Jueves 24

Septiembre

Lu	Ma	Mi	Ju	Vi	Sa	Do
	1	2	3	4	5	6
7	8	9	10	11	12	13
14	15	16	17	18	19	20
21	22	23	24	25	26	27
28	29	30				

Viernes 25

Sábado 26

○ Luna llena

Domingo 27

Un gran instante

Como todas las noches de luna llena, las hadas se juntaban dentro del majestuoso y viejo roble. Se sentaban sobre mullidos almohadones de musgo verde, alrededor del Hada Madre, a la luz de las luciérnagas que revoloteaban sin cesar dentro de divertidos recipientes de cristal, creando una cálida y acogedora estancia propicia para el relato de las viejas historias de hadas que iban a escuchar.

Pero esa noche de la que hablo, Flora fue la última en llegar. Llegó cuando el Hada de las Llaves estaba cerrando la gruesa y pesada puerta de roble. Fue entonces cuando Flora frenó la puerta con sus pequeñas manos.

——¡No cierres! ¡Falto yo!

Y entonces, sus pequeños piececillos llenos de polvo cruzaron el portal. El Hada de las Llaves, contrariada, la dejó pasar, aunque sus cejas fruncidas no pudieron ocultar su enfado y, entre dientes, soltó:

——Para ser el Hada de los Recuerdos, llegas tarde, querida.

Flora estaba tan contrariada y su corazón latía tan fuerte que no pudo oír el gruñido del Hada de las Llaves. A toda prisa entró en el gran salón.

——¡Hada Madre! —gritó.

Todas las hadas volvieron sus cabecitas hacia la puerta y, asombradas unas y divertidas las otras, observaron a la dulce Flora con su vestido verde esmeralda sucio de barro seco, con los pies bañados en polvo y el pelo encrespado en una maraña de hojas y pétalos.

——Flora, ¿qué te ha sucedido? —preguntó el Hada Madre.

Las pequeñas alas de Flora la alzaron del suelo para acercarse al Hada Madre.

—¡Oh! ¡Qué angustia, Hada Madre! ¡Casi cometo un error terrible!

—Calma, calma, ¡siéntate aquí! —dijo, acercando con su varita uno de los almohadones hacia ella.

Pasó su pequeña y temblorosa mano por el musgo y una lagrima cayó sobre su cojín al sentarse.

—¡Cuéntanos, Flora! —la apremió el Hada Madre.

Entonces Flora empezó a relatar lo que había sucedido aquella tarde.

—Estaba en el bosque de niebla Dorada, junto al estanque. Me gusta ir allí para ver al anciano que habita en la pequeña casa de madera. Cada día, a la misma hora, sale al jardín y recoge diferentes plantas: jazmín, manzanilla, tomillo, y siempre me sorprende con un perfume delicioso. Pero hoy no se ha acordado de salir... ¡Entonces pensé que podía usar mi varita para ayudarle a recordar que sus flores le esperaban en el jardín para ser cortadas!

»Me acerqué a su ventana y lo vi tendido en su cama, aunque estaba despierto. Así que volé hasta poder tocar su pelo plateado. No me lo pensé más y alce mi varita para agitarla, cuando apareció la niña pecosa de pelo rojizo que siempre acompaña al anciano, y antes de que se derramara el primer polvo verde de la varita, me oculté detrás de la almohada para que no me viera.

La niña pelirroja se acercó a la cama, tomó la mano del abuelo entre las suyas y le susurró dulcemente:

—Hola, abuelo. ¿Cómo estás hoy?

—¿Quién eres?

—Soy yo, abuelo, Adela, ¡tu nieta! —le dijo con ojos llorosos.

—No, no, ¡tú no eres mi nieta! —gritó enfadado el anciano retirando su huesuda mano de entre las de la niña—. ¡No te conozco!

—¡Ooh! —exclamaron las hadas tapándose la boca con sus manitas—. ¿No recordaba a su nieta?

—No, no la recordaba, pero yo aún estaba a tiempo de conceder un recuerdo al anciano, así que alcé mi varita de nuevo, la sacudí decidida y el destello de polvo verde pintó su pelo canoso por un instante.

—¡Oooh! —volvieron a exclamar las hadas al unísono.

Entonces volé hacia la ventana, pero algo me hizo volver la vista atrás.

—¡Oh, Aurora! —repuso el abuelo cogiendo la mano de la niña—. ¡Cuánto tiempo sin verte!

Crucé la ventana cuando el abuelo y su nieta se abrazaban. Bajé a trompicones y no me acordé del estanque, ¡así que me caí dentro!

—¡Ay, pequeña Flora! —dijo el Hada Madre moviendo sus largas pestañas blancas—. El Hada de los Recuerdos debe ser prudente y no actuar a la ligera. Saber decidir es un arte. La varita tiene el poder de otorgar el recuerdo de los momentos felices y dejar ir el recuerdo de los malos.

Maria Parera Puig

Octubre

Lu	Ma	Mi	Ju	Vi	Sa	Do
			1	2	3	4
5	6	7	8	9	10	11
12	13	14	15	16	17	18
19	20	21	22	23	24	25
26	27	28	29	30	31	

Septiembre ·•· Octubre

Lunes 28

Martes 29

Miércoles 30

Jueves 1

Octubre

Lu	Ma	Mi	Ju	Vi	Sa	Do
			1	2	3	4
5	6	7	8	9	10	11
12	13	14	15	16	17	18
19	20	21	22	23	24	25
26	27	28	29	30	31	

Viernes 2

Sábado 3

 Cuarto menguante

Domingo 4

Octubre

Lunes 5

Martes 6

Miércoles 7

Jueves 8

Octubre

Lu	Ma	Mi	Ju	Vi	Sa	Do
			1	2	3	4
5	6	7	8	9	10	11
12	13	14	15	16	17	18
19	20	21	22	23	24	25
26	27	28	29	30	31	

Viernes 9

Sábado 10

 Luna nueva

Domingo 11

Octubre

Lunes 12

Día del Pilar y de la Madre de Guadalupe, patrona de América

Martes 13

Miércoles 14

Jueves 15

Octubre

Lu	Ma	Mi	Ju	Vi	Sa	Do
			1	2	3	4
5	6	7	8	9	10	11
12	13	14	15	16	17	18
19	20	21	22	23	24	25
26	27	28	29	30	31	

Viernes 16

Sábado 17

Domingo 18

 Cuarto creciente

Octubre

Lunes 19

Martes 20

Miércoles 21

Jueves 22

Octubre

Lu	Ma	Mi	Ju	Vi	Sa	Do
			1	2	3	4
5	6	7	8	9	10	11
12	13	14	15	16	17	18
19	20	21	22	23	24	25
26	27	28	29	30	31	

Viernes 23

Sábado 24

Domingo 25

Octubre

Lunes 26

◯ Luna llena

Martes 27

Miércoles 28

Jueves 29

Octubre ✤ Noviembre

Lu	Ma	Mi	Ju	Vi	Sa	Do
			1	2	3	4
5	6	7	8	9	10	11
12	13	14	15	16	17	18
19	20	21	22	23	24	25
26	27	28	29	30	31	

Viernes 30

Sábado 31

Domingo 1

Día de todos los Santos

 Cuarto menguante

Un zapatero honrado

Tan habilidoso como pobre, Artemio, un huérfano, hijo y nieto de zapateros remendones, sólo conocía la penuria, la miseria y los desprecios. No había ido a la escuela ni se había bañado en el río y jugado con otros niños. Vivía aislado en la misma casucha donde siempre había malvivido su familia. Y no parecía que su suerte fuera a cambiar, porque la gente de su aldea iba descalza y un único par de zapatos le duraba la vida entera, ya que sólo los usaba en los días de guardar.

La única amiga del zapatero era Blanca, una aldeana dueña de una vaca que cada día pasaba por la puerta de su casa y le daba un vaso de leche recién ordeñada, charlaba un rato con él mientras le infundía ánimo y le aseguraba que en el futuro su vida iba a mejorar. Decía sonriente:

—Si las cosas no pueden ir a peor, no tienen más remedio que ir a mejor.

Cierto día, Blanca –que nadie sabía cómo se enteraba de cosas que pasaban tanto cerca como lejos de allí– le comentó al joven que en el palacio real necesitaban a un zapatero experto para que confeccionara un calzado especial al monarca, que sufría una rara deformidad en uno de sus pies, y que quien cumpliera con ese cometido sería muy bien recompensado, siempre y cuando acertara con su arte a disimular el problema del soberano y fuera discreto. Urgía, porque pronto se iba a celebrar el baile para presentar en sociedad a la princesa heredera, y acudirían los pretendientes y sus familias desde muchísimas leguas a la redonda. Eso hacía imprescindible calzar adecuadamente al rey, e incluso tendrían que verle bailar con gracia con su hija.

Después de mucho dudar, desconfiando de que en el palacio aceptaran recibirlo, pero animado por Blanca, el chico decidió intentarlo.

La vaquera desveló un don hasta entonces desconocido, y es que emitió un silbido a raíz del cual rápidamente se materializó a la puerta de la casucha de Artemio una tina, donde el joven se aseó mientras ella lo esperaba con un vistoso traje y un calzado a juego, no lujosos, pero sí dignos de un buen artesano que se gana razonablemente la vida.

Blanca, además, puso una moneda de oro en el bolsillo de la chaqueta de Artemio y lo despidió:

—Anda y trae muchas más como ésta.

Él intentó protestar.

—No creo que traiga más, y ni siquiera sé si podré devolverte ésta.

—Confía, confía en mí.

***

Al cabo de tres días de subir montañas, vadear ríos, atravesar bosques y sortear bastantes dificultades, Artemio se encontró ante las puertas del palacio, pero ¡ay!, una larga fila de zapateros de todas las edades lo precedían, tan deseosos como él de resultar útiles al monarca y obtener la deseada y, sin duda, suculenta recompensa.

Cada candidato pasaría por una prueba antes de que el rey decidiera quién sería el escogido para confeccionar sus zapatos. Cuando le tocó el turno, el soberano le pidió a Artemio que demostrara su destreza, y él decidió señalar su propio calzado, que como por arte de magia –en lugar del que se había puesto al salir– se había trocado en un par de botas de un hermoso color azul, atadas con unos cordones de plata, que se entrecruzaban, pasando a través de unos ojales, también de plata.

El rey, gratamente sorprendido, escogió a Artemio para la labor y éste fue conducido a una estancia donde encontró todo lo necesario para ejercer su oficio, e incluso, junto a ella, un pequeño cuarto donde descansar, comer y dormir. Allí esperaba el rey y, para su asombro, también estaban *todos* sus zapatos del pie derecho. El monarca le ordenó que tomara la medida de su «otro» pie, para tener de cada uno un par, incluido el que estrenaría para el baile.

Artemio, que solamente esperaba hacer un par de zapatos, de los que uno sería de una forma y un tamaño especiales, tenía por delante una tarea ingente, ya que el rey tenía como troquilicientos zapatos del pie derecho, que debía emparejar, disimulando la deformidad del pie izquierdo, con otros tantos zapatos iguales.

Sin embargo, se le hizo corto el cometido, porque aunque cada noche se acostaba con la idea de que le quedaban tropecientos zapatos más por hacer, por la mañana, el montón restante parecía disminuir día tras día. ¿Cosas de su imaginación, ayuda misteriosa, mano de santa? ¡A saber!

Por fin acabó la tarea, y comprobó en la prueba de la danza del monarca y la heredera, que su labor había sido del todo satisfactoria, gracias a su arte y a un profesor de baile que le enseñó al rey un airoso paso de disimulo, para que no metiera la pata, como quien dice. Curiosamente, disimular y meter patas son conductas habituales entre los gobernantes.

***

El zapatero volvió a casa con fortuna y montado en un brioso corcel blanco, atesorando, además, el agradecimiento del rey, que lo invitó a visitar el palacio siempre que quisiera, además de prometerle que sería el encargado de confeccionar todos los zapatos de la real familia.

Las ganancias le sirvieron al joven para adecentar su vivienda y abrir un taller, que cobró mucha fama y atrajo a una numerosa clientela entre la nobleza del lugar. Su fama de artesano de confianza, nada menos que del jefe del reino, consiguió también que sus vecinos cambiaran su trato hacia él y le llovieran los encargos, porque aunque seguían calzándose rara vez, todos querían tener unos zapatos «como los del rey», como decían.

Artemio hacía los zapatos y Blanca, que se convirtió en su ayudante, recibía a los clientes y les prometía:

—Artemio hará para cada uno de vosotros exactamente el mismo trabajo que hizo para el rey.

Y así fue: a cada cliente, el joven le hacía un zapato del pie izquierdo; eso sí, como era muy honrado, le cobraba la mitad de lo que hubiera cobrado por un par entero.

VARDA FISZBEIN

Noviembre

Lu	Ma	Mi	Ju	Vi	Sa	Do
						1
2	3	4	5	6	7	8
9	10	11	12	13	14	15
16	17	18	19	20	21	22
23	24	25	26	27	28	29
30						

Noviembre

Lunes 2

Martes 3

Miércoles 4

Jueves 5

Noviembre

Lu	Ma	Mi	Ju	Vi	Sa	Do
						1
2	3	4	5	6	7	8
9	10	11	12	13	14	15
16	17	18	19	20	21	22
23	24	25	26	27	28	29
30						

Viernes 6

Sábado 7

Domingo 8

Noviembre

Lunes 9

● Luna nueva

Martes 10

Miércoles 11

Jueves 12

Noviembre

Lu	Ma	Mi	Ju	Vi	Sa	Do
						1
2	3	4	5	6	7	8
9	10	11	12	13	14	15
16	17	18	19	20	21	22
23	24	25	26	27	28	29
30						

Viernes 13

Sábado 14

Domingo 15

Noviembre

Lunes 16

Martes 17
 Cuarto creciente

Miércoles 18

Jueves 19

Noviembre

Lu	Ma	Mi	Ju	Vi	Sa	Do
						1
2	3	4	5	6	7	8
9	10	11	12	13	14	15
16	17	18	19	20	21	22
23	24	25	26	27	28	29
30						

Viernes 20

Sábado 21

Domingo 22

Noviembre

Lunes 23

Martes 24

○ Luna llena

Miércoles 25

Jueves 26

Noviembre

Lu	Ma	Mi	Ju	Vi	Sa	Do
						1
2	3	4	5	6	7	8
9	10	11	12	13	14	15
16	17	18	19	20	21	22
23	24	25	26	27	28	29
30						

Viernes 27

Sábado 28

Domingo 29

Unidas al nacer

Valentina vino al mundo tras un parto complicado que duró muchas horas. Cuando parecía que por fin salía, el cordón umbilical, enrollado alrededor de su cuello, la hacía volver al punto de partida como si de un muelle se tratara. Nació amoratada y silenciosa, pero enseguida rompió a llorar con la fuerza de un tornado. La pusieron sobre el pecho de su madre y reptó ansiosa hasta aferrarse al prominente pezón. Envuelta en el cálido abrazo materno, una vez saciada de leche tibia, con el delicioso sabor en la boca y el dulce néctar resbalándole por la comisura de los labios, se quedó dormida. Justo en ese instante de felicidad suprema, se le dibujó en los labios su primera sonrisa.

Sin que nadie lo supiera, aquel pequeño gesto, que sólo fue capaz de apreciar la exhausta madre, había desencadenado otro pequeño milagro. No muy lejos de allí, entre los pétalos de una rosa, nacía un hada. Se llamaba Cilene y era diminuta. El suave cabello caoba le llegaba a la altura de los hombros y un poco por debajo le nacían dos alas. Brillaba como el oro, revoloteaba y emitía una especie de zumbido con el que podía comunicarse con el resto de sus hermanas.

Valentina y Cilene estaban unidas de manera indisoluble, puesto que la una había nacido de la sonrisa de la otra. Pronto, el hada acudió al encuentro de la criatura humana subida en una semilla de diente de león. Y aunque la niña habitaba en el mundo de los humanos y ella, en esa dimensión intermedia entre el mundo terrestre y celeste que es el universo de las hadas, pronto encontró la rendija que los comunicaba. Crecieron juntas. El hada dormía en la almohada de la niña y la tranquilizaba cuando se despertaba a media noche. Escondida tras un sonajero o un

muñeco de peluche, la consolaba si estaba triste y llamaba la atención de su madre si la necesitaba.

El día que Valentina cumplió cinco años, Cilene desapareció de su vista. La niña se había hecho mayor y, a partir de entonces, y tal y como dictan los mandamientos del mundo de las hadas, ya no podía dejar que la viera. Los niños suelen ser inofensivos y tienen la mente mucho más abierta a la presencia de seres mágicos que los adultos. Éstos rara vez los creen si dicen que han visto un duende o un hada, ya que piensan que se lo han imaginado. Pero cuando crecen, la cosa puede complicarse. Así que, a partir de entonces, es mejor no dejarse ver.

Valentina le dijo a su madre que su hada había desaparecido, que tal vez le había pasado algo malo. Ella la consoló diciéndole que seguro que andaba escondida por algún rincón, que no se preocupara, que pronto aparecería. Lo dijo por decir, pero lo cierto era que el hada seguía al lado de su hija cuidando de ella. También se dedicaba a hacer travesuras, como esconderle cosas, borrar alguna palabra o número de sus deberes, apagarle la luz o cerrarle el grifo. Pero Valentina no era consciente de que todas esas cosas las hacía el hada, y la echaba de menos cada día.

La niña fue creciendo mientras que Cilene seguía siendo la misma año tras año. Las hadas alcanzan muy pronto la madurez y permanecen igual el resto de sus vidas. Valentina, una jovencita ya, no se había olvidado de su amiga y seguía buscándola cada día por todos los rincones. La tenía tan presente como cuando podía verla y no era capaz de acostumbrarse a su ausencia. Con los años se había dedicado a reunir un montón de libros que hablaban sobre el mundo de las hadas. En ellos no dejaba de buscar el sistema para reencontrarse con Cilene. Tal vez había una manera de volver a verla en este mundo, o quizás sólo sería posible si conseguía penetrar en el mundo feérico.

La chica andaba siempre con la cabeza en las nubes y pasaba más tiempo con sus libros que con las personas de su edad.

Ignoraba que, a veces, al pasar una página, Cilene se camuflaba en una imagen, o que era ella quien se bebía su té y se comía alguna de las galletas con las que acompañaba sus horas de lectura. Tanto tiempo después seguía pensando que algo debía haber hecho muy mal para que el hada se hubiera marchado.

El día que Valentina cumplió quince años, al soplar las velas de su pastel, formuló un deseo en voz alta sin importarle lo que los demás pudieran pensar.

—Deseo con todo mi corazón que regrese mi hada.

Los pocos invitados a su fiesta, puesto que apenas tenía amigos, no se inmutaron ante aquella petición. La conocían bien, y no era de extrañar viniendo de ella. La pequeña Cilene, camuflada detrás de una de las guirnaldas que adornaban el techo, se emocionó hasta las lágrimas al oírla. No podía más, ella también echaba de menos poder charlar con Valentina, compartirlo todo con ella... Sí que era cierto que no había dejado de verla, pero no era lo mismo. Así que tomó una decisión. Esa misma noche, cuando la chica estaba a punto de acostarse, se escondió dentro del libro que tenía en la mesilla y, al pasar ella una de sus páginas, apareció ante sus ojos.

—¡Estaba segura de que no me ibas a abandonar! –exclamó feliz la muchacha.

María Dolores García Pastor

Noviembre ❧ Diciembre

Lunes 30

Martes 1
☾ Cuarto menguante

Miércoles 2

Jueves 3

Diciembre

Lu	Ma	Mi	Ju	Vi	Sa	Do
	1	2	3	4	5	6
7	8	9	10	11	12	13
14	15	16	17	18	19	20
21	22	23	24	25	26	27
28	29	30	31			

Viernes 4

Sábado 5

Domingo 6

Día de la Constitución española

Diciembre

Lunes 7

Martes 8

Día de la Inmaculada Concepción

Miércoles 9

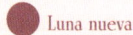 Luna nueva

Jueves 10

Diciembre

Lu	Ma	Mi	Ju	Vi	Sa	Do
	1	2	3	4	5	6
7	8	9	10	11	12	13
14	15	16	17	18	19	20
21	22	23	24	25	26	27
28	29	30	31			

Viernes 11

Sábado 12

Domingo 13

Diciembre

Lunes 14

Martes 15

Miércoles 16

Jueves 17

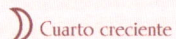 Cuarto creciente

Diciembre

Lu	Ma	Mi	Ju	Vi	Sa	Do
	1	2	3	4	5	6
7	8	9	10	11	12	13
14	15	16	17	18	19	20
21	22	23	24	25	26	27
28	29	30	31			

Viernes 18

Sábado 19

Domingo 20

Diciembre

Lunes 21

Martes 22

Miércoles 23

Jueves 24

Nochebuena

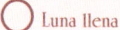 Luna llena

Diciembre

Lu	Ma	Mi	Ju	Vi	Sa	Do
	1	2	3	4	5	6
7	8	9	10	11	12	13
14	15	16	17	18	19	20
21	22	23	24	25	26	27
28	29	30	31			

Viernes 25
Día de Navidad

Sábado 26

Domingo 27
Día de la Sagrada Familia

Diciembre

Lunes 28

Martes 29

Miércoles 30 ☾ Cuarto menguante

Jueves 31 Noche de fin de año gregoriano (Nochevieja)

Diciembre

Enero 2027

Lu	Ma	Mi	Ju	Vi	Sa	Do
		1	2	3	4	5	6
7	8	9	10	11	12	13
14	15	16	17	18	19	20
21	22	23	24	25	26	27
28	29	30	31			

Viernes 1   Año Nuevo

Sábado 2

Domingo 3

Mi agenda

Nombre:

Dirección: C.P.: Ciudad:

Teléfono particular: Teléfono trabajo:

E-mail: Cumpleaños:

Nombre:

Dirección: C.P.: Ciudad:

Teléfono particular: Teléfono trabajo:

E-mail: Cumpleaños:

Nombre:

Dirección: C.P.: Ciudad:

Teléfono particular: Teléfono trabajo:

E-mail: Cumpleaños:

Nombre:

Dirección: C.P.: Ciudad:

Teléfono particular: Teléfono trabajo:

E-mail: Cumpleaños:

Nombre:

Dirección: C.P.:   Ciudad:

Teléfono particular: Teléfono trabajo:

E-mail: Cumpleaños:

Nombre:

Dirección: C.P.:   Ciudad:

Teléfono particular: Teléfono trabajo:

E-mail: Cumpleaños:

Nombre:

Dirección: C.P.:   Ciudad:

Teléfono particular: Teléfono trabajo:

E-mail: Cumpleaños:

Nombre:

Dirección: C.P.:   Ciudad:

Teléfono particular: Teléfono trabajo:

E-mail: Cumpleaños:

Nombre:

Dirección: C.P.:   Ciudad:

Teléfono particular: Teléfono trabajo:

E-mail: Cumpleaños:

Nombre:

Dirección: C.P.: Ciudad:

Teléfono particular: Teléfono trabajo:

E-mail: Cumpleaños:

Nombre:

Dirección: C.P.: Ciudad:

Teléfono particular: Teléfono trabajo:

E-mail: Cumpleaños:

Nombre:

Dirección: C.P.: Ciudad:

Teléfono particular: Teléfono trabajo:

E-mail: Cumpleaños:

Nombre:

Dirección: C.P.: Ciudad:

Teléfono particular: Teléfono trabajo:

E-mail: Cumpleaños:

Nombre:

Dirección: C.P.: Ciudad:

Teléfono particular: Teléfono trabajo:

E-mail: Cumpleaños:

Nombre:

Dirección: C.P.: Ciudad:

Teléfono particular: Teléfono trabajo:

E-mail: Cumpleaños:

Nombre:

Dirección: C.P.: Ciudad:

Teléfono particular: Teléfono trabajo:

E-mail: Cumpleaños:

Nombre:

Dirección: C.P.: Ciudad:

Teléfono particular: Teléfono trabajo:

E-mail: Cumpleaños:

Nombre:

Dirección: C.P.: Ciudad:

Teléfono particular: Teléfono trabajo:

E-mail: Cumpleaños:

Nombre:

Dirección: C.P.: Ciudad:

Teléfono particular: Teléfono trabajo:

E-mail: Cumpleaños:

Nombre:

Dirección: C.P.:   Ciudad:

Teléfono particular: Teléfono trabajo:

E-mail: Cumpleaños:

Nombre:

Dirección: C.P.:   Ciudad:

Teléfono particular: Teléfono trabajo:

E-mail: Cumpleaños:

Nombre:

Dirección: C.P.:   Ciudad:

Teléfono particular: Teléfono trabajo:

E-mail: Cumpleaños:

Nombre:

Dirección: C.P.:   Ciudad:

Teléfono particular: Teléfono trabajo:

E-mail: Cumpleaños:

Nombre:

Dirección: C.P.:   Ciudad:

Teléfono particular: Teléfono trabajo:

E-mail: Cumpleaños:

Índice

Alicia, el Principito y yo	5
Enero	11
El extranjero	22
Febrero	29
El límite de dos mundos	38
Marzo	45
Elania	54
Abril	59
Hada de fuego	70
Mayo	75
Iván, el mago Raziel y las hadas azules	84
Junio	91
La belleza en lo imperfecto	100
Julio	105
La canción del bosque	116
Agosto	123
La flor de la vida	132
Septiembre	137
Un gran instante	146
Octubre	151
Un zapatero honrado	162
Noviembre	169
Unidas al nacer	178
Diciembre	183
Mi agenda	194

Puede consultar nuestro catálogo en www.edicionesobelisco.com

1.ª edición: septiembre de 2025

Diseño de cubierta: *Carol Briceño sobre una ilustración de Carlos Escudero*
Ilustraciones: *Carlos Escudero*
Maquetación: *Juan Bejarano*
Corrección: *M.ª Ángeles Olivera*

© 2025, Marta Echegaray por el texto *Alicia, el Principito y yo*
© 2025, José Matas por el texto *El extranjero*
© 2025, Cloe Jal Hadi por el texto *El límite de dos mundos*
© 2025, Alicia Rodríguez y Marina Galimany por el texto *Elania*
© 2025, Daniel Harris por el texto *Hada de fuego*
© 2025, Maite Bayona por el texto *Iván, el mago Raziel y las hadas azules*
© 2025, Lucía Mur Henríquez por el texto *La belleza en lo imperfecto*
© 2025, Caldeo por el texto *La canción del bosque*
© 2025, Emma Pérez Boj por el texto *La flor de la vida*
© 2025, Maria Parera Puig por el texto *Un gran instante*
© 2025, Varda Fiszbein por el texto *Un zapatero honrado*
© 2025, María Dolores García Pastor por el texto *Unidas al nacer*

© 2025, Carlos Escudero por las ilustraciones, representado por IMC Ag. Lit.
(Reservados todos los derechos)
© 2025, Ediciones Obelisco, S. L.
(Reservados los derechos para la presente edición)

Edita: Ediciones Obelisco S. L.
Collita, 23-25. Pol. Ind. Molí de la Bastida
08191 Rubí - Barcelona - España
Tel. 93 309 85 25
E-mail: info@edicionesobelisco.com

ISBN: 978-84-1172-298-8

Printed in Poland

Reservados todos los derechos. Ninguna parte de esta publicación,
incluso el diseño de la cubierta, puede ser reproducida, almacenada,
transmitida o utilizada en manera alguna por ningún medio,
ya sea electrónico, químico, mecánico, óptico, de grabación o electrográfico,
sin el previo consentimiento por escrito del editor.
Diríjase a CEDRO (Centro Español de Derechos Reprográficos, www.cedro.org)
si necesita fotocopiar o escanear algún fragmento de esta obra.